DIESES BUCH GEHÖRT

. . . .

. . . .

Duden

Dein Lesestart

OZEANE

KAROLIN KÜNTZEL

Dudenverlag
Berlin

Die Erde besteht zu
drei Vierteln aus Wasser.
Die Ozeane und Meere
sind der Lebensraum unzähliger
Pflanzen und Tiere.
Riesige Wale durchstreifen
die Weltmeere.
Heiße Quellen sprudeln
am Meeresgrund,
und Muscheln klammern sich
in der Brandung an Felsen.
An den Steilküsten nisten Möwen,
und Kinder spielen am Strand.
Das Meer ernährt uns
und braucht unseren Schutz.

INHALT

Der Blaue Planet	6
Lebensraum Meer	18
Pflanzen am und im Meer	28
Meerestiere	38
Der Mensch und das Meer	54

DER BLAUE

PLANET

WASSER MARSCH!

Am Anfang war die Erde so heiß, dass alles Gestein flüssig war. Es kochte und brodelte wie in einem Vulkan. Wasser gab es noch nicht. Dampf stieg vom Boden auf und wurde zu Wolken. Sie bildeten die Atmosphäre. Als der Planet abkühlte, wurde der Dampf flüssig und fiel als Regen zur Erde. Das war vor etwa viereinhalb Milliarden Jahren, einer unvorstellbar langen Zeit. Es regnete viele Tausend Jahre.

So entstand der Urozean.

DIE ATMOSPHÄRE
So nennt man die Lufthülle, die die Erde umgibt.

DER UROZEAN hieß Panthalassa und umspülte einen einzigen Kontinent: Pangäa.

OZEAN ODER MEER?

Heute gibt es fünf Ozeane. So nennt man die großen Flächen mit Wasser zwischen den **Kontinenten.** Es sind der Atlantische Ozean, der Pazifische Ozean, der Indische Ozean, der Arktische und der Antarktische Ozean. Außerdem gibt es rund 80 Meere. Sie sind kleiner als **Ozeane** und werden von Land begrenzt. Zu ihnen zählt das Mittelmeer genauso wie die Nordsee und die Ostsee.

Ein anderes Wort für **OZEAN** ist Weltmeer.

KONTINENT oder Erdteil nennt man eine sehr große, zusammenhängende Landfläche.

SALZIG ODER SÜß?

Hast du beim Baden im Meer schon einmal Wasser geschluckt? Das war salzig, oder? Wasser aus dem Hahn zu Hause schmeckt nicht nach Salz. Man nennt es deshalb **Süßwasser.** Meerwasser ist unterschiedlich salzig. Fließen viele Flüsse hinein und regnet es dort häufig, hat ein Meer einen geringen **Salzgehalt.** Verdunstet in einer heißen Region viel Meerwasser, wird das Meer hingegen salziger.

Das Salz aus dem Toten Meer bildet dicke Krusten.

Viele Flüsse fließen ins Meer.

DAS SÜßWASSER enthält gar kein oder nur sehr wenig Salz.

DER SALZGEHALT der Ozeane liegt etwa bei 3,5 Prozent. Das sind 2 Teelöffel auf einen Liter Wasser.

WIE TIEF IST EIN OZEAN?

Die Ozeane und Meere sind unterschiedlich kalt und tief. An der Oberfläche sind sie wärmer als am Meeresgrund. Das ist wie in einem Badesee. In **Küstennähe** ist das Meer flach. Es reicht bis in eine Tiefe von 200 Metern. Weiter draußen im Meer fällt der Boden steil ab. Vier Kilometer tief ist das Wasser dort. Am tiefsten ist es im **Marianengraben.** Seine tiefste Stelle liegt mehr als 11 000 Meter unter der Meeresoberfläche.

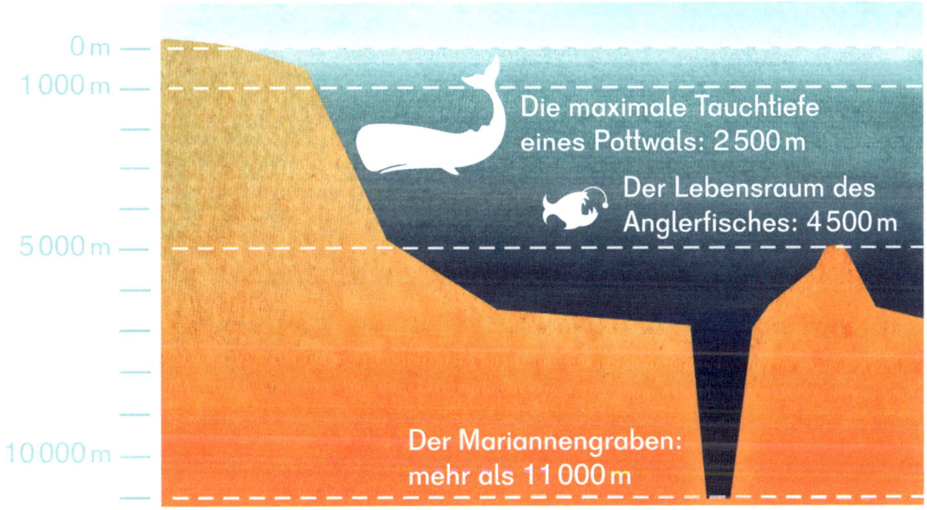

KÜSTENNÄHE
Die flachen Meeresstreifen entlang der Küsten nennt man auch Schelfmeere.

Nur wenigen Menschen ist es bisher gelungen, in den **MARIANENGRABEN** zu tauchen.

EBBE UND FLUT

An allen Küsten gibt es Gezeiten. So nennt man den Wechsel zwischen Ebbe und Flut. Bei Ebbe sinkt der Meeresspiegel, also die Oberfläche des Wassers. Das Wasser zieht sich von der Küste zurück. Kommt die Flut, steigt der Meeresspiegel wieder an. Nicht überall fällt der Unterschied zwischen hohem und niedrigem Wasserstand auf. An der Ostsee beträgt er nur ein paar Zentimeter. In Frankreich, in der Bretagne, sind es dagegen über zehn Meter.

Die Anziehungskraft der Sonne und des Mondes sind für die **GEZEITEN** verantwortlich.

EBBE UND FLUT wechseln sich zweimal am Tag ab.

NORDSEE UND OSTSEE

Beide Meere grenzen im Norden an Deutschland. Ihre Strände sind beliebte Urlaubsziele. Sonst sind sie aber sehr verschieden. Die Nordsee ist ein Randmeer des Atlantischen Ozeans und viel salziger als die kleinere Ostsee. Die Ostsee ist ein Binnenmeer. Nur über eine Meerenge bei Dänemark, das Kattegat, ist sie mit der Nordsee verbunden.

Hier treffen Nord- und Ostsee zusammen.

EIN BINNENMEER ist fast vollständig von Land umgeben.

EINE MEERENGE ist eine schmale Stelle zwischen zwei Landmassen, durch die das Meer fließt.

DAS MITTELMEER

Das Mittelmeer ist das größte Binnenmeer der Welt. Es grenzt an die Kontinente Asien, Afrika und Europa. Du könntest in über 20 Ländern Urlaub am Mittelmeer machen. Viele Menschen zieht es im Sommer auf eine der unzähligen Inseln und an die Strände. Oft scheint die Sonne, und es ist heiß. Das Wasser ist angenehm warm und klar. Perfekt zum Schnorcheln!

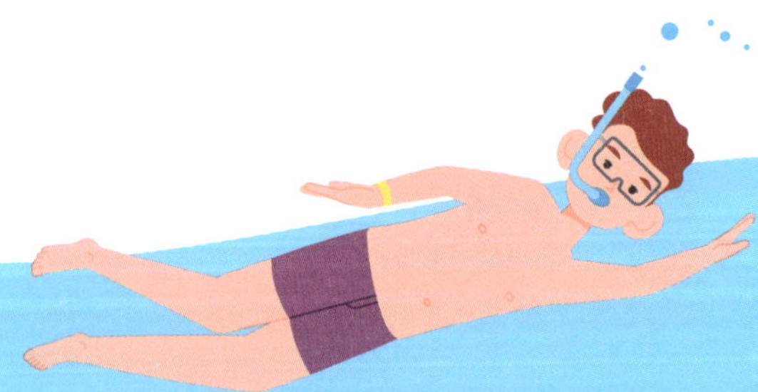

DAS MITTELMEER
Sein lateinischer Name lautet „mare mediterraneum“. Das bedeutet „Mittelländisches Meer“.

Die größte **INSEL** im Mittelmeer ist Sizilien. Sie gehört zu Italien.

POLARMEERE

Rund um den Nordpol und den Südpol sind die Meere im Winter eisbedeckt. Es ist sehr kalt und windig. Den Tieren, die dort leben, macht das nichts aus. Sie schützen sich mit einem dichten Fell oder einer dicken Speckschicht vor den eisigen **Temperaturen.** Im Sommer bricht das Eis auf. Riesige **Eisberge** und große Schollen treiben dann mit der **Strömung** fort.

DIE TEMPERATUREN
Am Südpol kann es bis zu minus 70 Grad kalt werden. Der Nordpol ist mit minus 30 Grad viel wärmer.

Von einem **EISBERG** liegt der größte Teil unter Wasser.

STRÖMUNG nennt man die Bewegung der Wassermassen im Ozean.

Super gelesen

AUF ZUM RÄTSELSPAß!

1. Welche beiden Aussagen stimmen?

a) ☐ Die Ostsee ist ein Ozean.

b) ☐ Ozeane sind größer als Meere.

c) ☐ Es gibt insgesamt 80 Ozeane.

d) ☐ Ozeane liegen zwischen Kontinenten.

2. Wie salzig sind die Ozeane im Durchschnitt? Kreuze an.

☐ ☐ ☐

3. Beschrifte die Bilder.

Strand bei ____________

Strand bei ____________

Den Wechsel zwischen beiden nennt man G _ Z _ _ _ T _ N

4. Welche Kontinente begrenzen das Mittelmeer? Finde ihre Namen im Wortgitter.

H	S	Y	K	D	E	J
A	Q	X	X	E	U	M
S	A	M	S	X	R	K
I	B	A	N	Y	O	N
E	N	L	V	Q	P	E
N	H	G	C	Q	A	S
A	F	R	I	K	A	V

Lösungen: 1. b, d; 2. 2 Teelöffel auf 1 Liter Wasser; 3. Ebbe, Flut, Gezeiten; 4. Europa, Afrika, Asien

LEBENSRAUM

MEER

AM STRAND

Strände können feinen Sand haben oder steinig sein. Manche sind sehr schmal. An anderen musst du lange laufen, bis du mit den Füßen im Wasser stehst. Die Flut schwemmt Muscheln, Krebse und Schnecken an Land. Auch Pflanzen wie Algen bleiben am Spülsaum zurück. Vögel picken nach Futter. Strandflöhe hüpfen in die Höhe, sobald sich jemand nähert.

DER SPÜLSAUM ist der Streifen am Strand, an dem angeschwemmtes Material liegen bleibt.

DIE STRANDFLÖHE sind kleine Flohkrebse, die bis zu 30 Zentimeter weit springen können.

Eine Wattführung

Füße im Schlick

IM WATT

Das Wattenmeer in der Nordsee ist eine ganz besondere Landschaft. Große Teile des Meeresbodens liegen bei Ebbe frei. Dann kannst du mit einem Führer oder einer Führerin weit hinauswaten. Sie zeigen dir, welche Tiere im Watt leben. Wattwürmer, Herzmuscheln und kleine Krebse graben sich im **Schlick** ein. Sie sind die Lieblingsspeise der **Austernfischer.**

Ein Wattwurm

Ein Austernfischer

DER SCHLICK ist der glitschige Schlamm am Boden von Gewässern.

DIE AUSTERNFISCHER haben einen langen Schnabel, mit dem sie nach Futter stochern.

Ein Schwarzer Guillemot

Ein Papageientaucher im Flug

AN DER FELSENKÜSTE

An manchen Küsten ragen hohe Felsen auf. Das Wasser schlägt gegen die **Klippen** und spritzt in die Höhe. Für Tiere und Pflanzen ist das Leben dort schwierig. Trotzdem nisten Millionen Seevögel an der Felsenküste. Sie brüten auf schmalen Vorsprüngen und in kleinen Höhlen. Pflanzen setzen sich in Spalten fest, und Muscheln kleben sich an den Fels. So spült die **Brandung** sie nicht weg.

KLIPPEN sind fast senkrecht aufragende Felswände an der Küste.

DIE BRANDUNG So nennt man die Wellen, die auf die Küste treffen.

IM KORALLENRIFF

Die Korallen im Korallenriff sind Nesseltiere. Sie sitzen in Gruppen fest am Meeresboden. Es gibt mehr als 4800 Korallenarten. Steinkorallen bilden Riffe. So nennt man eine Erhebung im Meer, ähnlich einem Hügel oder Berg. Es ist der Lebensraum von unzähligen Arten. Fische, Schildkröten, Haie, Krebse und Schwämme finden darin Schutz und Nahrung.

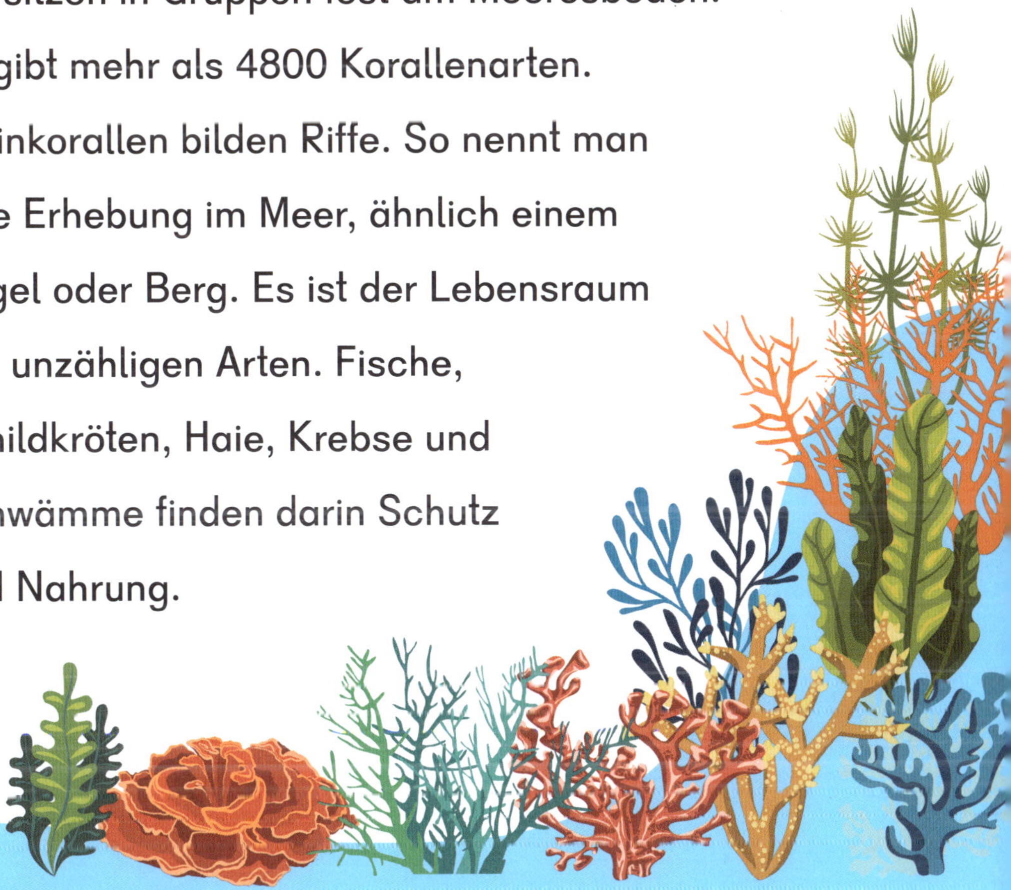

DAS KORALLENRIFF
Das Great Barrier Reef (gesprochen „Gräet Bärria Rief“) vor der Küste Australiens ist das bekannteste Korallenriff.

DIE NESSELTIERE
Berührst du ein Nesseltier, stößt es ein Gift aus. Das brennt auf der Haut wie Brennnesseln.

TIEF, TIEFER, TIEFSEE

In der Tiefsee ist es immer dunkel und kalt. Kein Sonnenstrahl dringt bis zum Boden. Der Wasserdruck ist sehr hoch. Menschen können dort unten nur in speziellen Tauchbooten überleben. Es ist sehr schwierig, so tief zu tauchen. Deshalb wissen wir nur wenig über diesen Lebensraum. Erst vor etwa 50 Jahren entdeckte man Heißwasserquellen auf dem Meeresboden.

DER WASSERDRUCK
Je tiefer man taucht, desto höher wird der Druck, den das Wasser auf den Körper ausübt.

DIE HEIßWASSERQUELLEN
auf dem Meeresboden nennt man wegen ihres Aussehens „Schwarze Raucher“ oder „Weiße Raucher“.

Die meisten Tiere der Tiefsee kennen wir noch nicht. Aber wahrscheinlich sind sie ebenso ungewöhnlich wie diejenigen, die bereits entdeckt wurden. Viele sehen furchterregend aus. Sie haben große Mäuler, riesige Augen oder Zähne wie Dolche. Einige sind sogar durchsichtig, und fast alle können eigenes Licht machen. Damit locken sie Beutetiere an.

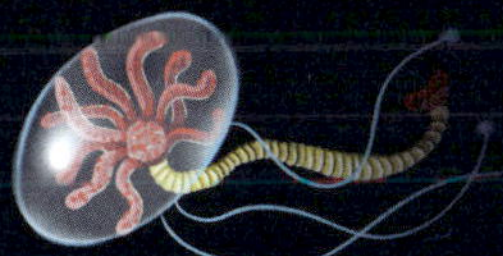

Forscher gehen davon aus, dass mindestens noch eine Million Arten in der Tiefsee bisher nicht **ENTDECKT** wurden.

DAS LICHT
Die Fähigkeit, selbst Licht zu erzeugen, nennt man Biolumineszenz.

Super gelesen

AUF ZUM RÄTSELSPAß!

1. Was kannst du alles am Strand finden? Setze die Silben zu Wörtern zusammen.

CKEN GEN MU

SCHELN

AL KREB

SE SCHNE

2. Welche Zeichnung zeigt einen Papageientaucher? Kreuze an.

3. Setze das passende Wort in den Lückentext ein.

Korallenriffe bieten anderen Lebewesen ________________

und Nahrung. Korallen sind ________________tiere.

Es gibt mehr als ________________ Korallenarten.

4. Hoppla! In der Tiefsee stimmt was nicht. In jeder Zeile steht ein Wort, das dort nicht hingehört. Streiche es durch!

Schwarzer Raucher	Heißwasserquelle	Warmwasserquelle
kleine Augen	großes Maul	spitze Zähne
kalt	hell	dunkel

Lösungen: 1. Schnecken, Algen, Muscheln, Krebse; 2. B; 3. Schutz, Nessel, 4800; 4. Warmwasserquelle, kleine Augen, hell

PFLANZEN AM

UND IM MEER

IN DEN DÜNEN

Überall an der Nordsee wächst Strandhafer auf den Dünen. Die langen, blaugrünen Blätter sind meist eingerollt. Sie wachsen in Büscheln und wiegen sich im Wind. An den Beinen kratzt es, wenn du hindurchläufst. Strandhafer wächst schnell. Mit seinen Wurzeln und Halmen hält er den Sand auf. So weht die Düne nicht davon.

DIE DÜNE ist ein Hügel aus Sand. Sie entsteht durch den Wind.

DER STRANDHAFER
Man sagt auch Dünengras zu der Pflanze.

WIESEN UNTER WASSER

Unter Wasser wächst **Seegras.** Mit den Bewegungen des Meeres wiegt es hin und her. Kleine Fische und junge Seesterne verstecken sich darin. Nach einem Sturm findest du es angeschwemmt am Strand. Man kann Felder mit dem Seegras **düngen** oder Dächer damit decken. Bleibt es am Strand länger liegen, stinkt es ganz ordentlich.

DAS SEEGRAS ist nicht mit Gras verwandt. Seegraswiesen können über 1000 Jahre alt werden.

DÜNGEN bedeutet, den Boden mit Nährstoffen zu versorgen.

ALLERLEI ALGEN

Algen können winzig klein
oder riesig lang sein.
So wie der Riesentang.
Er misst bis zu 100 Meter.
Man unterscheidet Rotalgen,
Grünalgen und Braunalgen.
Sie brauchen einen festen Halt.
Den finden sie an Muscheln oder Felsen.
Algen sind sehr nützlich.
Sie liefern viel Sauerstoff und filtern
Schadstoffe aus dem Wasser.

Braunalge

Grünalge

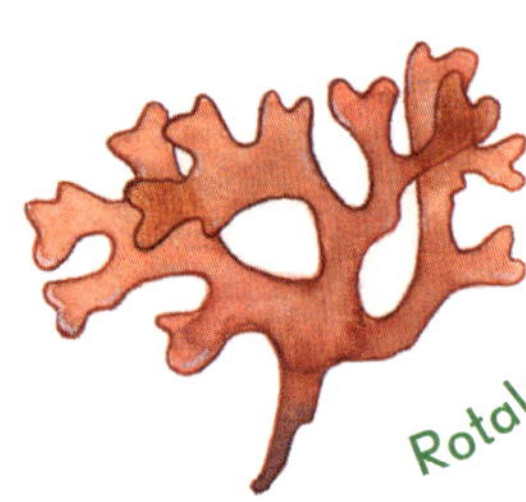

Rotalge

DER RIESENTANG kann unter Wasser richtige Wälder bilden.

DIE ROTALGE Nori ist essbar. Sie wird für Sushi, ein japanisches Gericht aus Reis und Fisch, verwendet.

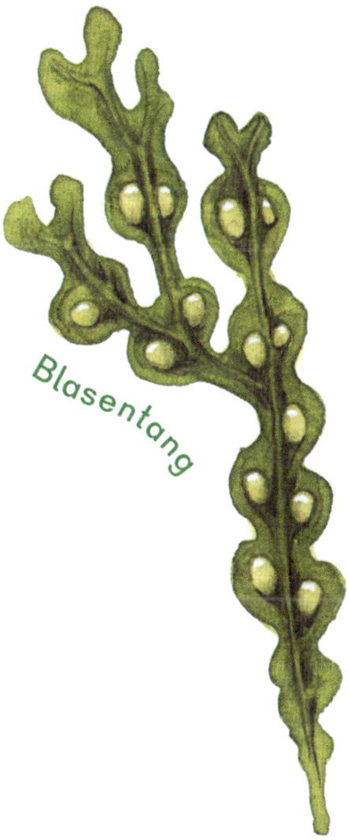

BLASENTANG

Blasentang ist eine Braunalge.

Du erkennst ihn an den Kapseln. Sie sind mit **Gas** gefüllt. Dadurch steht der Tang aufrecht im Wasser und bekommt mehr Licht. Drückst du auf die Blasen, platzen sie mit einem kleinen Knall. Muscheln, Schnecken, Würmer, kleine Krebse und Krabben halten sich gerne zwischen seinen **Wedeln** auf.

DAS GAS in den Blasen besteht aus Sauerstoff, Kohlenmonoxid und anderen Gasen.

Die blattähnlichen **WEDEL** heißen Thallus.

SALAT AUS DEM MEER

Meersalat ist der Name einer Grünalge. Auf dem Strand sieht sie aus wie dünner, knitteriger Stoff. Oder wie ein schlaffes Salatblatt. Meersalat ist essbar. Er wird als Salat zubereitet oder gemahlen. So kann man ihn für Teige und als Gewürz verwenden. Die Alge gilt als sehr gesund. Sie enthält Vitamine, Eisen und Jod.

DIE VITAMINE sind lebenswichtige Stoffe. Unser Körper kann sie meist nicht selbst herstellen. Obst und Gemüse sind sehr vitaminreich.

DAS JOD ist wichtig für den Körper. Du kannst es nur mit der Nahrung aufnehmen. Spinat, Brokkoli und Seefisch enthalten Jod.

QUELLER

Zwischen Meer und Land wächst der Queller auf den Salzwiesen. Regelmäßig wird er vom Meer überspült. Die Pflanze speichert viel Wasser in ihren Blättern. Die Stängel quellen davon auf. Sie werden prall und fleischig. Queller ist eine beliebte Beilage zu Fisch. Auch im Salat ist er lecker. Er schmeckt salzig wie das Meer.

DER QUELLER wird auch Seespargel genannt.

Auf jedem Kontinent gibt es **SALZWIESEN**. Sie grenzen direkt ans Meer. Der Boden ist dort immer feucht und salzig.

Super gelesen

AUF ZUM RÄTSELSPAß!

1. Wie heißt diese Pflanze?
   Male sie in der passenden Farbe aus.

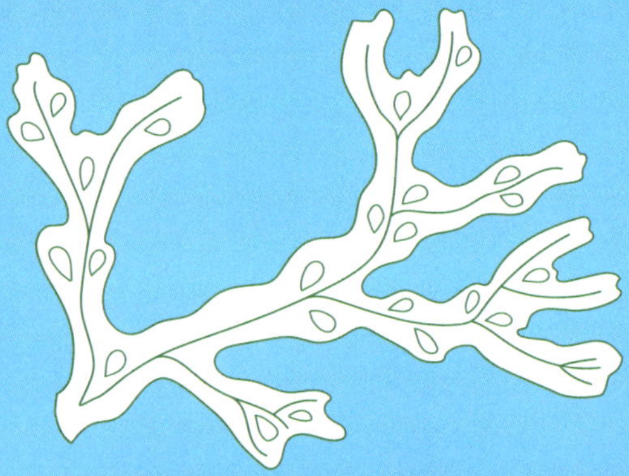

_ L _ S _ N _ A _ _

2. Algen werden nach ihrer Farbe benannt.
   Welche gibt es wirklich? Verbinde mit Linien.

-ALGE

3. Kannst du das Kreuzworträtsel lösen?

4. Algen haben keine Wurzeln. Deshalb heften sie sich an

☐☐☐☐☐☐☐☐

und ☐☐☐☐☐☐.

Lösungen: 1. Blasentang; 2. Rot, Grün, Braun; 3. Queller, Strandhafer, Seegras, Meersalat; 4. Muscheln, Felsen

DIE

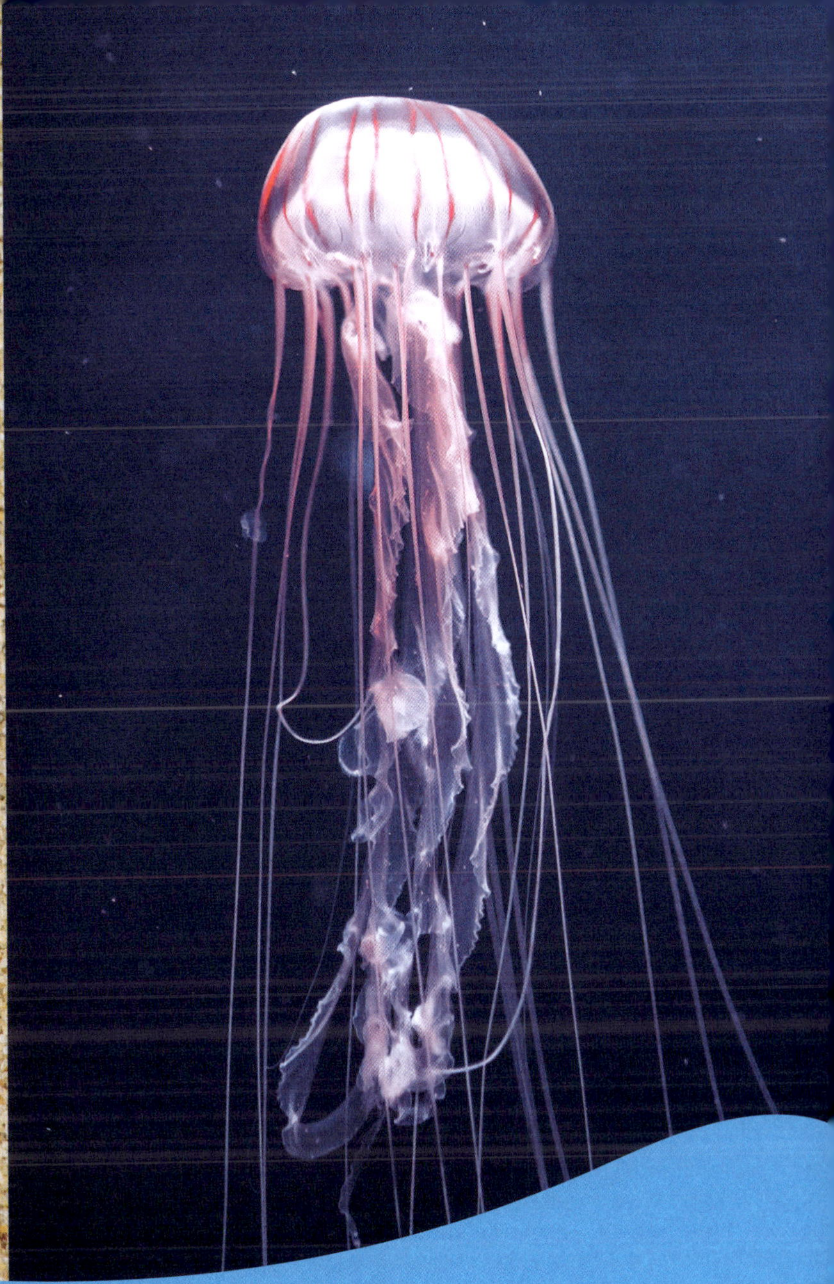

MEERESTIERE

SEEVÖGEL

Seevögel leben in Küstennähe oder auf dem offenen Meer. Möwen kennst du vielleicht. Sie sind am Strand gut zu beobachten. Auf Futtersuche umkreisen sie Kutter oder schnappen sich dein Eis. Fregattvögel sind auch so frech. Die Flugkünstler jagen anderen Vögeln die Beute ab. Sie verbringen fast ihr ganzes Leben im Flug.

Möwen

Fregattvögel

FREGATTVÖGEL schlafen sogar im Flug. Aber immer nur sechs Minuten am Stück.

Als **FLUGKÜNSTLER** gelten auch Seeschwalben. Sie sind sehr wendig.

Pinguine

Pinguine können nicht fliegen. Sie bewegen sich tollpatschig an Land, sind aber gute Schwimmer. Wie Papageientaucher können sie sehr tief tauchen. Vor Nässe und Kälte schützt sie ihr dichtes Federkleid. Albatrosse fliegen zwar gut, fallen aber bei der Landung schon mal auf den Schnabel. Wie fast alle Seevögel fressen sie Fisch.

Papageientaucher

Ein Albatros

DER PAPAGEIENTAUCHER kann bis zu 60 Fische auf einmal in seinem Schnabel transportieren.

ALBATROSSE können über 70 Jahre alt werden.

WALE

Wale sind keine Fische, sondern Säugetiere.
Sie säugen ihre Jungen und müssen
zum Luftholen an die Wasseroberfläche.
Wenn sie ausatmen, schießt eine
Fontäne aus ihrem Blasloch.
Delfine gehören auch zu den Walen.
Sie sind sehr verspielt und
leben in großen Gruppen,
die man Schulen nennt.
Mit Pfiffen und Klicklauten
unterhalten sie sich.

Eine Buckelwalmutter mit Kalb

Delfinschule

DIE FONTÄNE
nennt man einen Wasserstrahl, der in die Höhe schießt.

DIE KLICKLAUTE
folgen schnell aufeinander. Manchmal hören sie sich an wie eine knarrende Tür.

Robben auf einer Sandbank

Eine Seekuh

Ein Seeotter

MEERESSÄUGER

Auch Robben, Seekühe und Seeotter sind Säugetiere.
Robben bringen ihre Jungen an Land zur Welt.
Gerne liegen sie auf Sandbänken und dösen.
Seekühe sind Pflanzenfresser. Sie ernähren sich von Seegras und anderen Wasserpflanzen.
Elefanten sind ihre nächsten Verwandten.
Seeotter haben ein sehr dichtes Fell.
Zum Schlafen wickeln sie sich in Algen ein.
So treiben sie nicht ab.

DIE SANDBANK besteht aus Sand, der sich am Meeresgrund ablagert und bei Ebbe aus dem Wasser ragt.

Wenn du nicht ganz wach bist, aber auch nicht richtig schläfst, nennt man das **DÖSEN**.

Das Gebiss eines Hais

Ein Walhai

HAIE

Haie haben eine dreieckige Rückenflosse und ein **Revolvergebiss** mit sehr spitzen Zähnen. Die Zähne wachsen immer wieder nach. Ein Hai kann bis zu 30 000 Zähne in seinem Leben bekommen. Haie können sehr gut sehen und noch besser riechen. Bis zu 500 Arten sind bekannt. Der Zwerghai ist nicht länger als ein Schulheft. Der **Walhai** wird bis zu 20 Meter lang. Er ist der größte Fisch der Welt.

DAS REVOLVERGEBISS besteht aus bis zu 15 Zahnreihen hintereinander. Fällt ein Zahn aus, schiebt sich sofort der nächste nach vorn.

DER WALHAI ist ganz friedlich. Er filtert Plankton – das sind sehr kleine Lebewesen – aus dem Wasser.

MEERESSCHILDKRÖTEN

Meeresschildkröten schwimmen viele Tausend Kilometer. Um Eier zu legen, steuern sie den Strand an, an dem sie selbst geschlüpft sind. Bis zu 100 Eier legen sie in eine Grube und bedecken sie mit Sand. Die Sonne brütet die Eier aus. Von den geschlüpften Jungen überleben nur wenige. Alle sieben Arten Meeresschildkröten sind vom Aussterben bedroht.

Grüne Meeresschildkröte

Junge Meeresschildkröten auf dem Weg zum Wasser

MEERESSCHILDKRÖTEN
können bis zu sieben Stunden die Luft anhalten.

DAS AUSSTERBEN
Viele Lederschildkröten sterben, weil sie im Meer treibende Plastiktüten mit ihrem Lieblingsfutter, den Quallen, verwechseln.

SCHNECKEN UND MUSCHELN

Schnecken und Muscheln gehören zu den **Weichtieren.** Ihren empfindlichen Körper schützen sie mit einer harten Schale. Muscheln haben zwei Schalenhälften. Viele Muscheln wie **Austern** sind essbar. Schnecken leben in einem **gewundenen** Haus. Sie wandern über den Meeresboden oder schwimmen. Einige Arten wie die Napfschnecke sitzen fest am Untergrund.

Austern

Eine Seeschnecke

Eine Meeresschnecke

DIE WEICHTIERE werden auch Mollusken genannt.

GEWUNDEN bedeutet spiralförmig, schneckenförmig.

DIE AUSTER Einige Austernarten gelten als Delikatesse. Sie werden für den Verkauf gezüchtet.

Eine Qualle

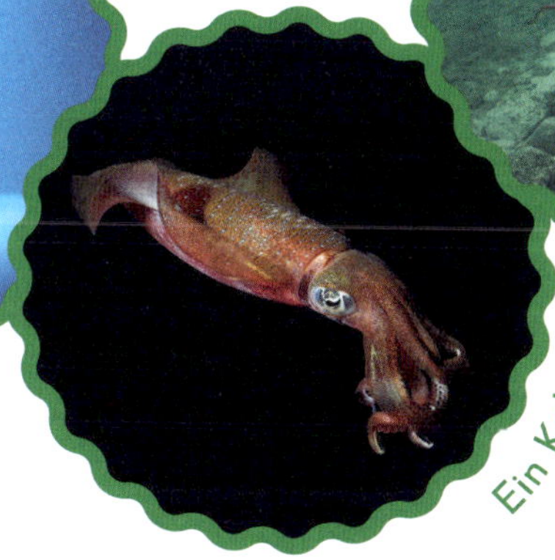

Ein Kalmar

Eine Krake

Ein Perlboot

QUALLEN UND TINTENFISCHE

Quallen bestehen fast vollständig aus Wasser.

Sie leben ohne Gehirn, Knochen und ohne Herz.

Die meisten Quallen haben lange **Tentakel.**

Zu den Tintenfischen zählen

Kalmare, Kraken und das **Perlboot.**

Sie sind **Kopffüßer,** keine Fische.

Kalmare haben zehn Fangarme, Kraken nur acht.

Das Perlboot hat bis zu 94 Fangarme.

DIE TENTAKEL
So nennt man die Fangarme. Bei manchen Quallen sind sie bis zu 50 Meter lang.

DAS PERLBOOT
sieht einer Schnecke ähnlich.

DIE KOPFFÜßER
haben einen großen Kopf. Die Fangarme sitzen direkt an ihm.

VIELE BEINE UND ANTENNEN

52 000 Arten von Krebstieren sind bekannt. Seespinnen und Krabben sind darunter. Alle haben etwas gemeinsam. Sie atmen mit Kiemen. Am Kopf haben sie zwei Antennenpaare. Ihr Nachwuchs schlüpft aus Eiern. Der harte Panzer von Krebsen wächst nicht mit. Sie werfen ihn ab und verstecken sich, bis ihr neuer Panzer hart genug ist.

Ein Flohkrebs

Eine Seespinne

DIE SEESPINNEN sind Krabben mit sehr langen Beinen.

DER PANZER von Krebsen besteht aus Chitin. Es ist ähnlich wie Horn.

SEEIGEL UND SEESTERNE

Seeigel haben spitze **Stacheln.** Sie sind ein guter Schutz vor Feinden. Auch du solltest sie nicht berühren, denn das kann sehr schmerzhaft sein. Seeigel fressen Seetang.

Seesterne ernähren sich von Muscheln.

Der Mund beider Tiere sitzt unter ihrem Körper.

Die meisten Seesterne besitzen fünf Arme.

Verlieren sie einen, wächst ein neuer Arm nach.

DIE STACHELN von Seeigeln sind sehr dünn. Sie brechen leicht ab.

SEESTERNE stülpen zum Fressen ihren Magen aus dem Mund.

SEEFISCHE

Viele Tausend Arten Fische leben im Meer. Manche sind platt wie eine **Flunder,** andere kugelrund wie ein **Kugelfisch,** der sich mit Wasser aufpumpt. Heringe sind in Schwärmen unterwegs, **Husarenfische** dagegen sind Einzelgänger. Auch Seepferdchen sind Fische. Sie bleiben ihr Leben lang mit ihrem Partner zusammen. Bei ihnen bringt das Männchen die Jungen zur Welt.

Eine Flunder

Ein Kugelfisch

Heringe

Ein Husarenfisch

Ein Seepferdchen

DIE FLUNDER gehört zu den Plattfischen. Bei ihr liegen beide Augen auf einer Körperseite.

DER KUGELFISCH ist aufgeblasen viel größer. Das schreckt seine Feinde ab.

DER HUSARENFISCH wird wegen seiner Streifen auch Eichhörnchenfisch genannt.

Ein Anglerfisch

TIEFSEEFISCHE

In der Tiefsee nutzen Anglerfische **Bakterien,** die Licht erzeugen. Damit locken sie ihre Beute an oder gehen auf Partnersuche. Im Gegensatz zu den Weibchen sind die Männchen oft winzig klein. Bei einigen Arten wachsen sie fest mit dem Weibchen zusammen.

Ungewöhnlich sind auch **Gespensterfische.** Ihr Kopf ist auf der Oberseite fast durchsichtig.

Ein Gespensterfisch

BAKTERIEN sind winzige Lebewesen. Sie kommen fast überall vor.

DIE GESPENSTERFISCHE werden auch Hochgucker genannt. Sie haben röhrenförmige, nach oben gerichtete Augen.

Super gelesen

AUF ZUM RÄTSELSPAß!

1. Huch, die Satzenden sind vertauscht. Kannst du sie richtig zuordnen?

Pinguine …	… sind wahre Flugkünstler.
Albatrosse …	… bewegen sich an Land tollpatschig.
Fregattvögel …	… haben Probleme beim Landen.

2. Welche Tiere sind Fische? Kreuze an.

a) ☐ Seepferdchen

b) ☐ Wal

c) ☐ Hai

d) ☐ Tintenfisch

e) ☐ Delfin

3. Wie viele Arme haben diese Kopffüßer?

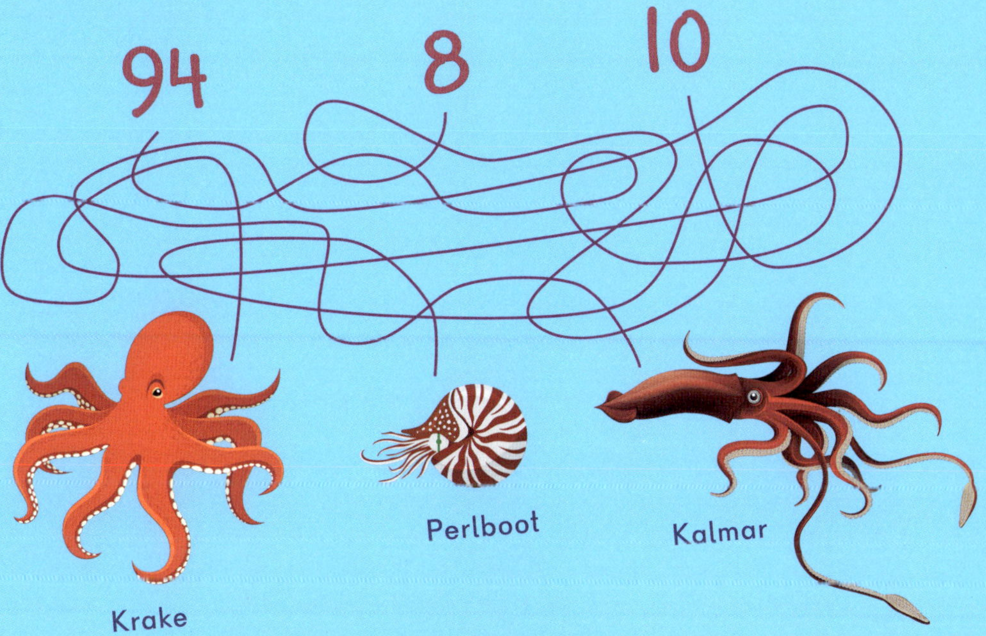

4. Woraus besteht der Panzer von Krebsen? Findest du den richtigen Begriff im Wortwirrwarr?

Lösungen: 1. Pinguine bewegen sich an Land tollpatschig. Albatrosse haben Probleme beim Landen. Fregattvögel sind wahre Flugkünstler. 2. a, c, d; 3. Krake 8, Perlboot 94, Kalmar 10; 4. Chitin

DER MENSCH

UND DAS MEER

STRANDFUNDE

Manchmal spült das Meer unscheinbare Schätze an den Strand. An der Ostsee kannst du Bernstein finden. Er sieht gelben Steinen ähnlich, ist aber viel leichter. Geschliffen wird er zu einem Schmuckstück.

Auch Fossilien von Seeigeln und Donnerkeile entdeckst du mit etwas Glück. Sie sind viele Millionen Jahre alt.

DER BERNSTEIN ist gar kein Stein, sondern uraltes Baumharz.

DIE FOSSILIEN sind versteinerte Überreste von Pflanzen und Tieren.

DER DONNERKEIL ist das versteinerte Skelett-Teil eines Tintenfisches.

Ein Krabbenkutter

Ein Fischkutter im Hafen

FISCHER FISCHEN

Frühmorgens fahren die Fischer aufs Meer hinaus. Nachmittags kehren sie mit ihrem Fang in den Hafen zurück. An der Nordsee kannst du auf Krabbenkuttern mitfahren. Du erlebst, wie die Netze ausgeworfen und eingeholt werden. Die Krabben werden noch an Bord gekocht. Dann kannst du sie aus der Schale pulen und probieren.

DER KRABBENKUTTER ist ein Schiff, das für den Krabbenfang ausgerüstet ist.

DAS NETZ Schleppnetze werden über den Meeresgrund geschleift. Sie richten dort viel Schaden an.

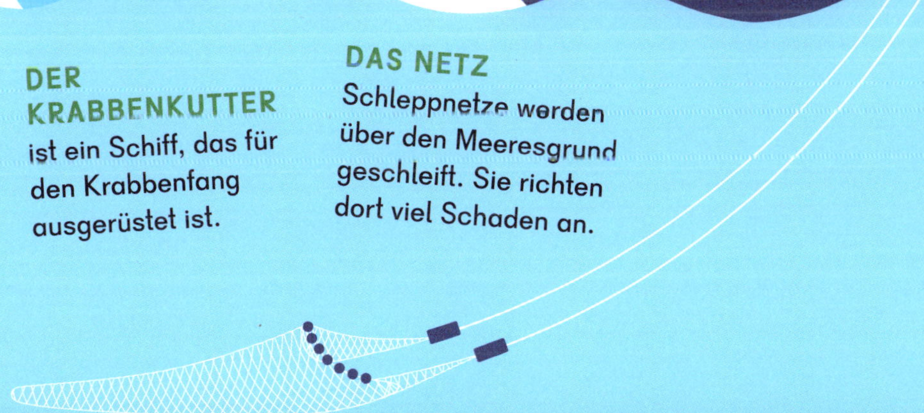

SALZ AUS DEM MEER

Aus Meerwasser kann man Salz gewinnen. Dazu leitet man es in große, flache Becken. Durch die Sonnenstrahlen **verdunstet** das Wasser. Übrig bleibt das Salz. Es wird in einer Fabrik gereinigt, verpackt und später in Geschäften verkauft. Das Meersalz **„Fleur de Sel“** ist besonders begehrt. Die **Salzgärtner** schöpfen es von Hand.

Salzfelder

Wenn Wasser **VERDUNSTET**, wird es weniger. Es geht in die Luft über.

DAS FLEUR DE SEL
Der Name ist Französisch und bedeutet „Blume des Salzes“, gesprochen „flör de säl“.

SALZGÄRTNER nennt man die Menschen, die Meersalz herstellen.

ENERGIE AUS DEM MEER

Unter dem Meeresboden befinden sich Rohstoffe wie Erdgas und Erdöl. Sie werden über Bohrinseln gefördert. Auch Windräder werden im Meer aufgestellt. Weil dort meist Wind weht, können sie viel Energie liefern. Sie gelangt durch Stromleitungen an Land. Die Kraft der Wellen kann man auch nutzen. Sie treibt Maschinen an, die aus den Wellen Strom machen.

DIE BOHRINSELN sind riesig. Die Arbeiter werden mit Hubschraubern dorthin gebracht.

ENERGIE ist eine Kraft, die etwas bewirkt. Eine Lampe leuchtet und Wasser kocht durch Energie.

DRECKIGES MEER

Überall auf der Welt gelangen Dinge ins Meer, die dort nicht hingehören. Plastik, Erdöl und verlorene Fischernetze sind darunter. Viele Tiere sterben durch die Verschmutzung der Meere. Schildkröten verwechseln Plastiktüten mit ihrem Futter, den Quallen. Öl verklebt das Gefieder von Seevögeln. Fliegen ist dann unmöglich.

In den Ozeanen gibt es riesige Ansammlungen von **PLASTIK**. Sie sind größer als manche Länder der Erde.

DAS ERDÖL wird oft mit Tankern über das Meer transportiert. Bei einem Unfall gelangt es ins Wasser.

FORSCHER UND DAS MEER

Viele Wissenschaftlerinnen und Wissenschaftler untersuchen das Meer. Sie nehmen Wasserproben und stellen so zum Beispiel fest, ob das Wasser immer wärmer wird. Dann wandern manche Tiere ab oder Pflanzen gehen ein. Die Forschenden finden auch heraus, welche Schadstoffe im Wasser sind, und manchmal entdecken sie sogar neue Arten.

Eine Wasserprobe

Ein Tiefseeboot

DIE WASSERPROBE
Wasser wird aus unterschiedlichen Bereichen eines Gewässers entnommen und untersucht.

DIE SCHADSTOFFE sind alle Stoffe, die Tieren, Menschen und Pflanzen schaden können, zum Beispiel Chemikalien.

Super gelesen

AUF ZUM RÄTSELSPAß!

1. Wie wird Salz gewonnen? Bringe die Sätze in die richtige Reihenfolge.

a) ☐ Das Salz wird in der Fabrik gereinigt.

b) ☐ Das Wasser verdunstet.

c) ☐ In Geschäften wird es verkauft.

d) ☐ Das Meerwasser wird in Becken geleitet.

2. Müll gehört nicht ins Meer. Er schadet den Tieren dort. Streiche in den folgenden Sätzen den falschen Begriff durch.

a) Meeresschildkröten fressen gern Plastiktüten/Quallen.

b) Erdöl glättet/verklebt das Gefieder der Seevögel.

c) Die Plastikmengen in den Meeren sind größer als manche Dörfer/Länder.

d) Erdöl wird mit Fahrrädern/Lastern transportiert.

3. Menschen mit vielen Berufen arbeiten am oder auf dem Meer.
Setze die Silben richtig zusammen.

FOR NER SCHER SALZ

SCHER FI

GÄRT

BEN KRAB

____

____

____

4. Was wird auf einer Bohrinsel gefördert?

ERD _ _ _

UND

ERD _ _.

Lösungen: 1. d, b, a, c; 2. Plastiktüten, glättet, Länder, Lastern; 3. Forscher, Salzgärtner, Krabbenfischer; 4. Erdgas und Erdöl

Bildnachweis

l = links, r = rechts, M = Mitte, o = oben, u = unten
Maria Mähler: 11, 12, 20, 24, 31, 32–33, 33, 49, 51, 51, 56, 60;
Shutterstock.com: VNS Shirstok, 1 yatate, 4 fresher, 5 Lana_Samcorp, 5 aksol, 6l PHOTO JUNCTION, 6M Jurjanephoto, 7 somavarapu madhavi, 8 Designua, 9 BlueRingMedia, 10l Luciano Santandreu, 10r URRaL, 11h VectorMine, 11l OrigaZDesign, 11r Dmytro Serebrennikov, 13l Peter Hermes Furian, 13r Oliver Hoffmann, 14o xbrchx, 14ul StockSmartStart, 14ur Mockd Graphic Studio, 15o Alfmak, 15M foto.t-kress.de, 15u MuchMania, 15uM brandmix, 16o Nora Hachio, 16M Lana Nikova, 16u udaya fire, 17ol Focus Photography, 17or Mike Pellinni, 17u Nora Hachio, 18l U. Eisenlohr, 18M Lana Nikova, 19 Jolanta Wojcicka, 21ol Juergen Wackenhut, 21or majaan, 21M Martina Simmerl, 21u Wild Poets Society, 21 (Mistgabel) Great_Kit, 21 (Krebs, Muscheln) Nora Hachio, 22o Giedriius, 22M Peter Krocka, 22 (Vögel) Azizah‘s, 22ul fresher, 23o Vlad61, 23u Natali Snailcat, 24–25 Yumeee, 25uM Rita Kruglova, 25l Neil Bromhall, 26o Nora Hachio, 26 A Spreadthesign, 26 B Alfmaler, 26 C Kasa_s, 27o Nora Hachio, 27u SketchingG, 28 Mathias Schroeter, 29l Kyouniifiin, 29r bmphotographer, 30o mhp, 30u Olha V, 34 Elena Tcykina, 34ul light_s, 34uM Anastasiya_KV,34ur mallinka, 35o Blende8, 35u NotionPic, 36o Olga Zhukovskaya, 37or peipeiro, 37Ml id_pluto, 37o YummyBuum, 37 (Pfeile) TWINS DESIGN STUDIO, 37 (Strandhafer) Borisovna.art, 37 (Muscheln) Carpierable, 37u Andrii_Malysh, 38 Imagine Earth Photography, 39r nikkytok, 39l Umesh Avidimu Srilanka, 40–41 (Vögel) aksol, 40r Andrea Izzotti, 40l Chaiyawat Cheinworakul, 41o Stephen Lew, 41M Atanas Milanov, 41u Don Mammoser, 42l petryshka-anna, 42u Chase Dekker, 42o Imagine Earth Photography, 43or Tomas Kotouc, 43ol makasana photo, 43M rbrown10, 43 u MaryCo, 44ol Jessica Heim, 44or orifec_a31, 44ul dkvektor, 44ur Airin.dizain, 45o Shane Myers Photography, 45M Salty View, 45u Vector A, 46uM Alexey Masliy, 46ul Charlotte Bleijenberg, 46ur Paul Tuazon, 47Mr Aerial-motion, 47r Taras Chykhman, 47Ml Yampics photography, 47l BackSTG Films, 48l Dkeith, 48r Gui_diaas, 50u Vojce, 50 2.v.o. KT photo, 50 2.v.u. Henner Damke, 50o Piotr Wawrzyniuk, 50M Mayumi.K.Photography, 52 (Tintenfisch) Disa_Anna, 52 (Delphin) archivector, 52 (Seepferdchen) Olkita, 52 (Wal) pixorena, 52 (Hai) MaryDesy, 53ol Handies Peak, 53oM Kariakin Aleksandr, 53or BlueRingMedia, 53u Oleg7799, 54 Larina Marina, 55l k/wanida tubtawee, 55r altanaka, 57or Eric Valenne geostory, 57ol travelpeter, 57u Hennadii H, 58o BullsStock, 58l Orapin Joyphuem, 58r Geshas, 58-59 sabbracadabra, 59o SINCHAI_B, 59u Dzm1try, 61r Valery Rokhin, 61l Raland, 63 matthew25, 64 StockSmartStarta

Impressum

Redaktionelle Leitung Ina Koslowski
Lektorat Steffi Korda, Hamburg
Text Karolin Küntzel
Illustrationen Maria Mähler
Umschlaggestaltung Kathrin Keienburg-Rees, Freiburg
Umschlagabbildungen Andrea Izzotti/shutterstock.com, Creative Stall from Noun Project (Icon Lesen), Dorina Tessmann (Rückenbild)
Layout und Satz formlabor, Hamburg

www.duden.de
www.cornelsen.de

1. Auflage, 1. Druck 2023

Druck Mohn Media Mohndruck, Gütersloh

ISBN 978-3-411-78009-9